CE MATIN, LA NEIGE

Du même auteur

aux éditions Théâtrales

CE MATIN, LA NEIGE in *25 petites pièces d'auteurs, 2007*

DES TRACES D'ABSENCE SUR LE CHEMIN, coll. « En scène », *2007*

dans la collection « Théâtrales Jeunesse »

L'ÉTÉ DES MANGEURS D'ÉTOILES, *2002*

BLUES in *Théâtre en court 1, 2005*

COMME DES FLÈCHES VIVANTES in *Théâtre en court 2, 2007*

LES OISEAUX MALADROITS in *Théâtre en court 4, 2009*

LA TERRE QUI NE VOULAIT PLUS TOURNER *suivi de*
AUTREFOIS, AUJOURD'HUI, DEMAIN, *2010*

chez d'autres éditeurs

UN GOÛT DE PIERRE DANS LA BOUCHE/LES OISEAUX MALADROITS,
L'Esprit du temps, *1993*

UN PRINTEMPS S'EST NOYÉ DANS LA MER,
Le mot de passe, coll. « Très tôt théâtre », *1995*

UN PEU DE NEIGE FONDUE DANS LE SANG, Théâtre s en Bretagne, *1996*

SI ON RÊVAIT, SI ON PARLAIT ? in *Rêver le monde*,
Cahiers de l'Égaré, *2002*

DES ANGES RUSÉS AUX AILES PLOMBÉES, Théâtre/Public, *2003*

AU PAYS DE MON PÈRE ON VOIT DES BOIS SANS NOMBRE
in *Des lendemains qui dansent*, Cahiers de l'Égaré, *2004*

EN AUTOMNE, J'AI MÊME VU DES RENARDS DANSER,
Lansman, coll. « Urgence de la jeune parole », *2006* (1e éd. *1997*)

FRANÇOISE
DU CHAXEL

CE MATIN, LA NEIGE

Nouvelles versions à deux voix

éditions **THEATRALES**

ELIA COMPAGNIE

EN SCÈNE, *une collection pour prolonger la représentation.*

© 2011, éditions THÉÂTRALES,
20, rue Voltaire, 93100 Montreuil-sous-Bois

ISBN : 978-2-84260-421-9 • ISSN : 1275-4498

Illustration de couverture : Christian Do Huu

CE MATIN, LA NEIGE

Nouvelle version à deux voix

PERSONNAGES

ANNA
THOMAS

ANNA.– Ouvrir la fenêtre
Les yeux encore fermés sur les rêves du matin
Je ne pense qu'à une chose
Ouvrir la fenêtre
C'est l'hiver pourtant
Aucun bruit
Voilà c'est ça
Je n'entends aucun bruit
J'ouvre les yeux
Une drôle de lumière
Celle que renvoie la terre lorsque la neige la recouvre
Je connais cette lumière
Chez moi, là-bas, la neige est là dès novembre
On rentre dans la maison
On se fait son cocon de solitude en attendant le printemps
Les enfants l'attendent comme un premier cadeau de Noël
Ici tout est doux
L'hiver n'est pas l'hiver
La douceur de l'océan remonte la rivière
La voix chante, le vin est sucré
On se promène sans gants et sans écharpe à Noël au bord de la Dordogne
Ici
La neige est une étrangère
Ils ne savent pas comment l'accueillir.

Des années que je n'ai pas vu la neige.

1er septembre 1939
Je suis une enfant de l'été
Je viens d'avoir seize ans
La chaleur de cet été encore bien présent a nourri l'insouciance
Et endormi les inquiétudes
1er septembre 1939
Le tocsin retentit

Sur les murs de Strasbourg, de grandes affiches blanches aux lettres noires
Disent qu'il faut partir
Rejoindre les points de rassemblement
Emporter trente kilos de bagages, nos papiers, quatre jours de vivres, c'est tout
Je n'y comprends rien
Je pose des questions
Mon père dit que les Allemands ont envahi la Pologne
Il a les yeux brillants de larmes
Je ne l'ai jamais vu pleurer
Quel rapport entre l'invasion de la Pologne et cet ordre ridicule ?
Mon père dit qu'il faut obéir
Je n'aime pas obéir
On s'entasse dans la voiture des voisins
On quitte Strasbourg, on prend la route de Colmar
Les voitures surchargées de chagrins se suivent
Je me ferme sur ma colère
Erstein, Epfig, Barr
Au pied des Vosges l'odeur des sapins vient jusqu'à nous
C'est le moment des myrtilles
Pour nous c'est le moment du départ
On s'entasse dans des trains aux banquettes en bois
Hier soir j'ai écrit dans mon journal : « Je ne veux pas partir »
Je commençais seulement à me trouver jolie
Il va falloir changer de miroir
Je n'ai rien voulu emporter que ce cahier et quelques vêtements
Je ne laisse pas grand-chose
Des douleurs et des douceurs d'enfance
Mon père a laissé ses outils d'horloger
Il n'a emporté que sa loupe qu'il tient serrée dans sa main
D'autres ont laissé leurs bêtes dans les prés
Ils ne pensent qu'à elles.

Ce matin, la neige
Alors que le printemps est proche
Ce matin, la neige

Doublement insolite
J'ouvre la fenêtre
La neige ne tiendra pas sur cette terre chaude
Chez nous elle s'installait
Ralentissait le temps
Ici le temps est passé vite
Je n'ai pas senti l'enfance me quitter.

Le train roule, les banquettes en bois me meurtrissent le dos
Je saurai plus tard que nous avons eu de la chance
Que d'autres sont partis dans des wagons à bestiaux
Des femmes, des vieux, des enfants qui jouent dans le couloir
Pas beaucoup d'hommes
Pourquoi mon père est-il avec nous ?
Où allons-nous ?
Un nom circule : la Dordogne
Pourquoi ? Personne ne sait, personne ne connaît
Dordogne, préfecture Périgueux, sous-préfectures Bergerac, Nontron, Sarlat
J'ai appris ça à l'école
Ma mère parle sans cesse
Elle raconte l'autre guerre, quand l'Alsace était allemande
Je n'écoute pas
Je pense à Jean dont je venais juste de croiser le regard
Dans la boutique de mon père
Mon père est silencieux
Il regarde par la fenêtre du wagon, le poing serré sur sa loupe d'horloger et sur ses souvenirs
Trente heures pour traverser la France
Diagonale de l'abandon
Le train s'arrête, ne repart plus, une gare, Périgueux
C'est là que nous descendons
Troupeau épuisé sur les quais
On nous regarde, on me regarde
Mes cheveux roux, ma peau blanche
Je me sens étrangère
Le réfectoire du lycée de filles nous attend

Je reconnais des odeurs
C'est bientôt la rentrée, est-ce que j'irai encore au lycée ?
J'aime les livres, je m'abrite derrière eux pour rêver
Les cris, les fatigues, les chagrins rebondissent sur les murs du réfectoire
Pas question de rêver
Quelqu'un essaie de faire l'appel, il écorche nos noms
Existons-nous encore ?
Le voyage nous a-t-il effacés ?
Le lycée va nous abriter pour la nuit
Je me sens sale, laide, je voudrais me laver
Impossible
Je garde mon odeur d'étrangère
Je ne sais toujours pas pourquoi nous avons quitté Strasbourg
Une punition ?
Serrée contre ma mère sur un petit lit du dortoir, je mords mes poings pour ne pas pleurer.

Depuis ce jour-là j'ai les yeux secs
La neige de ce matin fera peut-être monter mes larmes.

Je ne dors pas, je me lève
Je cherche quelqu'un avec qui parler
Dans le couloir, une femme veille sur nous, assise sur une chaise
Je m'approche, elle met un doigt sur ses lèvres
Je lui demande à mi-voix si elle sait pourquoi nous sommes là
Elle me fait répéter
Lorsqu'elle me répond je comprends que mes mots ne chantent pas comme les siens
Elle me dit que la guerre est déclarée
Je ne sais pas ce que ça veut dire
La guerre c'est dans les livres d'Histoire
L'été ne va pas avec la guerre
Le train à nouveau, nous n'étions pas au bout du voyage
Nous voilà sur la place d'un village
Six familles du même faubourg de Strasbourg

Personne pour nous accueillir
Des odeurs que je ne connais pas m'étourdissent
Quelqu'un passe
Nous voit assis sur nos valises
Le maire arrive, il n'était pas prévenu
Il ouvre l'école pour la nuit
L'odeur de l'encre se mêle à celle des châtaigniers
Je préfère celle de la résine des sapins
Au matin le maire revient nous voir, il n'est pas seul
Il dit que nous allons habiter chez ces fermiers qui l'accompagnent
Les femmes se concertent en alsacien
Elles n'ont pas compris
Moi, si
Je m'entends crier : « Non »
Je n'aime pas la campagne
J'aime la ville je m'y sens à l'abri pour grandir
Ma mère me fait les gros yeux
Les fermiers nous dévisagent
Je devine leurs questions
D'où viennent-ils ? Ils ne parlent pas français !
On dirait de l'allemand !
Plus tard ils nous appelleront les Ya-Ya
Qu'allons nous faire dans une ferme ? Mon père est horloger
Je vais au lycée, j'aime les livres
J'ai peur des animaux.

Aujourd'hui, j'ai oublié le parfum des villes
Mon corps a pris le rythme des saisons.

Un homme dit qu'il peut accueillir une famille dans sa ferme
Mon père s'avance
Et dit en alsacien qu'il le remercie
Ma mère le suit
Je reste en arrière, ma mère vient me prendre la main
Elle me demande de parler pour nous trois
Je ne peux pas parler

Mais je la suis
L'homme s'approche de mon père et lui tend la main
« Benvenguts » dit-il, dans son patois sans doute
Il a compris que la langue était notre seul bien
Mon père lui serre la main
J'ai honte de ma révolte de gamine
La ferme est entourée de bois
Chez nous les villages sont rassemblés autour des églises
Ici les fermes s'isolent dans la campagne
S'isolent tout court
Je me sens hors du temps
Pas d'eau courante
On se lave dans de grandes bassines dans la salle commune
Je préfère me laver dehors à la pompe de la cour
Comment ferons-nous en hiver ?
Les toilettes au fond du potager
Pas d'électricité
Des lampes à carbure pour la salle commune
Des lampes à alcool pour les chambres
Nous dormons tous les trois dans la même chambre sombre
J'ai peur des bruits de la nuit que je ne connais pas
Je dis que je ne pourrai pas vivre ici
Qu'il faut que j'aille au lycée
Que j'ai besoin d'un miroir pour savoir qui je suis
Ma mère dit que nous rentrerons bientôt chez nous
Après les vendanges sans doute
Pourquoi sommes-nous partis
Abandonnant Strasbourg comme une belle endormie ?

J'ai refermé la fenêtre
Je sais que la neige est là
J'entends les cris des enfants qui jouent
Mon corps retrouve des sensations oubliées
Douleur ou douceur ?

Septembre 1940, les vendanges sont proches à nouveau
Elles seront mélancoliques

Un an que nous sommes là
L'hiver a été rude
Je connaissais le froid, mais pas celui-là
La grande cheminée et la cuisinière pour tout chauffage, l'humidité des chambres
Je ne suis pas allée au lycée
Plus envie
Plus envie de la ville non plus
Tout en moi était endormi
Les désirs et les révoltes
Au bourg, j'ai aidé l'instituteur auprès des enfants alsaciens
À Noël, nous avons mis un sapin dans la classe
Le soir mon père venait apprendre le français, pas ma mère
En rentrant je ramassais les châtaignes dans les bois pour le souper
J'ai appris à ne pas me plaindre
Les fermiers sont braves, c'est leur vie qui est rude
Dans cette rudesse j'ai trouvé une place
Je n'ai plus peur des animaux
J'ai du plaisir à les soigner
Mais je déteste gaver les oies
Il y a une bible sur la table de chevet des fermiers
Ils sont protestants comme nous
Je vais au temple à Bergerac avec eux
Le pasteur ne vient pas à l'école comme chez nous
Ma mère a semé des fleurs dans la cour
Louise la fermière a d'abord trouvé ça bizarre
Les fleurs ça sert à rien
Maintenant il y a des fleurs partout
Mais ma mère n'est plus là
Dans la lumière franche d'un dimanche de juin
L'armistice a été signé
La guerre est finie, la France est vaincue
Ma mère a voulu rentrer chez elle
Comme beaucoup d'Alsaciens
Mais l'Alsace est allemande à nouveau
L'Histoire se répète
Elle a voulu rentrer quand même
Je suis restée avec mon père

Louis le fermier est content de le garder, il dit qu'il est vaillant
Ils parlent tabac tous les deux
Je découvre que mon grand-père plantait du tabac
Mon père dit qu'il n'a plus sa place là-bas
Je le questionne, il garde son secret
Pourquoi la France ne se bat-elle plus ?
Va-t-elle devenir allemande comme l'Alsace ?
Il y a trop de choses que je ne comprends pas
Une famille juive s'est installée chez l'instituteur
Ils viennent de Paris
Leur fille a les cheveux roux comme moi
En Alsace, il y avait beaucoup de Juifs
Surtout depuis quelques années
« C'est quoi un Juif ? » me demande Thomas, le fils des fermiers
Je ne sais pas quoi lui répondre
Nous sommes en zone libre
La ligne de démarcation qui coupe la France en deux n'est pas très loin
Des femmes la passent en vélo en tenue de vendangeuse
Elles vont chercher des nouvelles de leurs hommes
Que sont-ils devenus après la démobilisation ?
J'écoute les conversations de Louis et Louise nos fermiers
Ils écoutent la radio
Il paraît que des hommes déjà se dressent contre l'occupant
Ils ont entendu des messages venus de Londres
Qui leur disent de ne pas céder
Je suis contente d'être restée là, mon corps me dit qu'il faut se battre
Je ne suis plus endormie
L'enfance m'a quittée pour de bon.

La neige de ce matin me dit que j'ai eu une enfance
Je l'avais oubliée.

1942, plus de ligne de démarcation
Toute la France est occupée
Ceux qui ne sont pas rentrés en Alsace sont considérés comme des émigrés

Mon père me dit enfin pourquoi il ne pouvait pas rentrer
Il avait déserté l'armée allemande pendant la guerre de 14
Il est indésirable comme le sont les Juifs, les Tziganes, les non-conformes
Je suis fière de lui
L'instituteur me fait lire les journaux
La haine à chaque page
La haine et la soumission
Je me sens du côté des indésirables
La famille juive qui vivait chez l'instituteur a disparu
Qui l'a dénoncée ?
Une autre famille est abritée dans la grange de la ferme
À la moindre alerte, ils partiront dans les bois
Depuis que je ne suis plus endormie, une rage m'habite
Je voudrais être juive.

La neige n'efface rien
Elle ne fait que cacher
Adoucir les contours
Feutrer les souvenirs
Ici il n'y a rien à cacher
En Alsace elle recouvre les empreintes des bottes.

1943
J'ai vingt ans
La guerre n'étouffe pas les désirs
J'ai un corps de femme maintenant qui me demande des comptes
Les bals publics sont interdits mais des bals s'organisent dans les granges
Je n'en rate aucun
J'y retrouve des Alsaciens réfugiés dans le canton
Ils avaient rejoint l'Alsace, ils n'ont pas supporté les bottes allemandes, ils ont déserté
Ils sont revenus, ils ne font pas que se cacher
Une nuit, la grange qui nous accueille est encerclée par des miliciens
Parmi les miliciens

Je reconnais un homme du village, je l'insulte
Je n'ai peur de rien
Thomas me prend par la main et m'entraîne dehors
Il me regarde comme s'il me découvrait
Autour de la ferme les bois
Je les connais bien maintenant
Je ne tremble plus en les traversant
Ils abritent un maquis de jeunes hommes d'ici et d'ailleurs
Alsaciens, Lorrains, Gitans, Espagnols, Géorgiens
Et des garçons du village qui refusent le travail obligatoire en Allemagne
Le désir de dire non les rassemble
Thomas est allé les rejoindre
Ses bras font défaut à son père
La ferme devient un lieu de passage et de ravitaillement
Louis prend des risques
Il sert de passeur, il conduit les hommes vers le maquis
Je sens que mon père revit
Il a réparé la grande pendule
Avec mon vélo je passe partout
On ne se méfie pas de moi
Je porte des messages
Je sais qui il faut éviter
Je dis non à ma façon
Un jour, Thomas vient chercher des provisions
Avec lui Pedro un Espagnol qui s'est battu auprès des républicains
Je regarde ses mains puis ses yeux
Ses mains disent qu'il sait manier les armes
Ses yeux disent qu'il ira jusqu'au bout
J'ai vingt ans
La guerre m'a volé mon adolescence
Un regard d'homme me fait exister
Le lendemain, je porte un message au maquis
Pedro fait le guet
Je m'avance, il me tend la main
J'y dépose le message, il referme sa main sur la mienne
Trop de chaleur tout d'un coup
La forêt brûle

Je ferme les yeux, les rouvre
Il sourit
« Cómo se llamá ? » dit-il
« Anna », je lui jette mon prénom sans savoir ce qu'il me demande
Je reprends mon vélo
Je dévale le sentier jusqu'à la ferme
Les branches des arbres m'écorchent, je ne les sens pas
Je traverse la salle comme une somnambule
Je dis : « Je n'ai pas faim, je vais me coucher »
J'ai besoin d'être seule avec ce feu qui ne s'éteint pas.

Celle qui a ouvert sa fenêtre sur la neige ce matin
Est cette Anna qui s'embrasait sous le regard de Pedro.

1944
Un an déjà que je tremble de bonheur et de peur
Tout grandit
Mon amour pour Pedro, le danger
Nous savons maintenant ce que risquent ceux qui résistent
La Gestapo de Limoges brise les corps
Pas les espoirs
Les occupants sentent que le rapport de force se renverse
Les actions des maquisards se multiplient
On commence à croire qu'ils ont raison
Ils ne sont plus des terroristes mais des patriotes
Même si parfois leurs audaces
Mettent en danger la population
Ils ne sont plus seuls
Je ne suis plus seule
Je vais souvent rejoindre Pedro dans les bois
Entre nous pas beaucoup de mots
Des regards, des silences, des gestes que je ne croyais pas connaître
Nous n'avons jamais assez de temps pour nous apprendre
Il s'étonne de la couleur de mes cheveux
Je ne me lasse pas du noir de ses yeux
Parfois il parle de l'Espagne à genoux devant Franco

Parfois je parle de l'Alsace qui passe de main en main
Lorsqu'il part pour un sabotage
Je lis dans ses yeux la mort possible
Je ne dis pas mon angoisse
Je ne veux pas le retenir
À la ferme j'aide Louise qui n'est jamais fatiguée
Elle ne me parle pas de Pedro
Lorsqu'elle me voit prendre mon vélo, elle sourit avec les yeux
Mon père me regarde devenir belle
Je le regarde devenir fier.

Louis écoute les messages à la radio
Un jour, après avoir éteint brusquement, il prend son vélo et file vers les bois
J'interroge Louise
Elle est joyeuse et triste en même temps
Elle me dit : « Ils ont débarqué, c'est fini »
Rien n'est fini !
Les Allemands s'affolent
Ils sèment le sang et les larmes
21 juin 44
Les maquis doivent se rejoindre pour défendre Mouleydier
Un bourg qui enjambe la Dordogne
Ils s'y feront prendre au piège
Pedro n'a jamais voulu que je me joigne à eux
J'attends
Le cœur me bat trop fort
Je prends mon vélo, la peur me fait pédaler plus vite
Plus j'approche, plus le cœur me bat
Des explosions, des cris
Flammes et fumée, le bourg brûle
Je lâche mon vélo, je cours vers les premières maisons
Des bras me saisissent et m'entraînent
Je m'évanouis de peur
Je me réveille à la ferme
J'entends les conversations
Qui disent le malheur

Qui comptent les morts
René, Paul, Camille, Luis, Jorge, Pedro
Pedro !
Je me dresse, je crie Pedro !
Louise me serre dans ses bras
Je m'évanouis de douleur.

Mars 1945
L'étau est desserré enfin
Mais nous n'avons pas fini d'affronter l'indicible
Nos têtes sont pleines d'images que nous ne voulions pas voir
L'Alsace est libérée
Venus d'Algérie, d'Afrique, des hommes se sont battus
Sont morts parfois pour lui rendre son identité
Mon père est reparti, il a retrouvé ma mère
Pourront-ils encore se parler ?
Les corps se souviendront longtemps de cet écartèlement
Je suis restée
Les bois m'ont donné la force de résister à l'absence
Au moins, ici, je sais qui je suis
J'y ai trouvé ma place
Entre chagrin et bonheur
Je serai institutrice au village.

La neige n'est qu'une intruse
Elle va vite se faire oublier
Lorsque les enfants sortiront de l'école elle aura disparu
Je serai seule à en garder la trace.

Ma fille est née un jour de neige.

THOMAS.– La neige !
J'en étais sûr
Hier soir le ciel était blanc
Les chiens tiraient sur leurs chaînes
Les bêtes étaient pressées de rentrer
J'avais froid dans mon lit
J'avais remis l'édredon d'hiver
La ferme est silencieuse
Anna n'est pas là
Mais la maison est pleine d'elle
De son corps si vivant
De ses colères
De ses rires
De ses silences
Je ne parlais pas comme ça avant
Avant ce matin de septembre.

La nouvelle de la guerre était à peine arrivée jusqu'au village
On parlait surtout des vendanges
On surveillait le ciel
Mon père était allé les chercher au bourg
Il n'avait pas dit qui devait venir habiter chez nous
Ni pourquoi
Je la revois arriver derrière ses parents
Visage fermé
Elle a caressé les chiens dans la cour
Elle ne m'a même pas regardé
Quand elle est entrée dans la maison
J'ai vu son dos se raidir
Ma mère leur a montré leur chambre
Elle s'y est enfermée
Elle n'est descendue que pour manger
Entre chaque cuillerée de soupe, elle regardait autour d'elle
Elle est remontée dans leur chambre sans un mot
Par gestes, sa mère s'est excusée pour elle.

J'avais dix-sept ans
Pas de frère, pas de sœur

Je ne connaissais rien aux filles
Juste ce que racontaient les copains
Ou ce que j'avais pu deviner à l'école
Alors celle-là
Avec ses cheveux roux, ses yeux ni bleus ni verts
Et sa colère
J'osais pas lui parler
Elle, elle me voyait pas
Elle me parlait pas.

Elle se levait tôt
Elle s'asseyait devant son bol de café au lait
Silencieuse
Un matin, elle m'a demandé où était le lycée
Comment on faisait pour y aller
J'ai dit que j'avais quitté l'école après le certificat
Pour travailler à la ferme
Que si on allait au lycée on était pensionnaire
Elle n'a rien dit.

Les vendanges approchaient
Ma mère préparait les grandes tables dans la cour
D'habitude, les soirs de vendange
Après le souper on chantait, on dansait
Cette année-là, on n'avait pas le cœur à chanter
Il y avait des places vides
Les hommes étaient mobilisés
Ceux qui étaient restés allaient de ferme en ferme pour aider
Je ne quittais pas Anna des yeux
Je la trouvais belle
Belle mais sauvage
Elle faisait pas sa coquette comme les filles du pays
J'osais toujours pas lui parler
Elle travaillait dur dans les vignes
Le soir elle mangeait vite et montait se coucher
Les gars la suivaient du regard

Ses yeux ni bleus ni verts les tenaient à distance
Au café, chez Fernand, ils se moquaient :
« Thomas, t'as touché le gros lot ! Y a une belle rousse chez toi !
Méfie-toi, les rousses c'est comme les renards, ça fait ses coups en douce »
Je plongeais le nez dans mon verre
Ils en rajoutaient :
« Elle parle français au moins ? »
Je ne répondais pas
Oui elle parlait français
Son français ne chantait pas comme le nôtre
Avec ses parents elle parlait alsacien.

Elle n'est pas allée au lycée
Chaque matin elle descendait au bourg, à l'école
Elle revenait le soir
Parlait avec ma mère des enfants
Ceux du village, ceux qui venaient d'ailleurs
Du Nord de la France ou d'Alsace comme elle
Parfois elle écoutait la radio avec mon père
Lui posait des questions
Après le souper
Elle montait dans leur chambre
« Bonsoir, je vais lire » elle disait
Si elle restait avec nous pour casser les noix
Elle y mettait toute sa colère
J'étais jaloux de ces livres qui l'attendaient là-haut
Un jour
C'était jour de marché
Ils étaient tous au bourg voisin
J'ai pas pu résister
Dans leur chambre
J'ai vu les livres à côté de son lit
Je les ai ouverts
Des poésies à chaque page
Je ne savais pas que ça existait des livres de poésie
Je ne connaissais que celles que le maître nous faisait copier sur le cahier

Qu'on devait apprendre par cœur
Que je récitais en tremblant devant les autres
Sans savoir ce que je disais
Je ne savais pas d'où elles venaient
Au souper, Anna m'a regardé d'un drôle d'air
Je suis sûr que j'ai rougi.

Je n'aimais pas sa mère
Je lisais dans ses yeux qu'elle nous prenait pour des sauvages
Mais j'aimais écouter son père
Il parlait bien français maintenant
Il me racontait ses pendules
Comme si c'était ses enfants
Les mécanismes, les balanciers, les carillons
Il avait des mains d'artiste
Les miennes étaient déjà dures
Pas faites pour caresser les filles
Ni réparer les pendules
Il me racontait ses pendules pour ne pas parler de lui
Pour ne pas parler de l'Alsace
Je suis descendu à l'école
J'ai regardé sur la carte de France où était l'Alsace
J'ai compris pourquoi elle était en danger
J'ai pris un livre d'Histoire
Il ne racontait que les guerres d'autrefois
J'ai demandé à ma mère comment c'était la guerre d'avant celle-là
Elle m'a dit : « Va voir le monument aux morts sur la place »
Sur le monument aux morts beaucoup de noms, celui de mon grand père aussi
Beaucoup trop pour un village comme le nôtre
Pourquoi on recommençait ?
Pourquoi encore contre l'Allemagne ?

Cet hiver-là il a fait très froid
La mare avait gelé
Anna voulait qu'on fasse entrer les chiens dans la maison

Ma mère a dit non
La place des chiens est dans la cour
Ils sont habitués comme ça
Anna est sortie pour les caresser
Quand elle est revenue ses yeux brillaient
De larmes ou de colère ?
Le lendemain
Elle est venue me voir pendant que je trayais les vaches
« Elles aiment bien tes mains on dirait »
Une chaleur m'a envahi le ventre
« Pourquoi vous n'aimez pas les chiens ? »
Je ne m'étais jamais posé la question de savoir si je les aimais
Ils étaient là c'est tout
J'étais heureux qu'elle m'ait demandé ça même si je ne savais pas quoi répondre.

L'hiver a traîné jusqu'à l'été
Armistice !
Un mot que je ne connaissais pas
Qui était dans toutes les bouches
Ça voulait dire la fin de la guerre
Mais ça ne disait pas que la France était battue
Ça allait avec capitulation j'ai appris
Mon copain Marcel dit que c'est bien comme ça
Que les hommes qui étaient partis allaient rentrer
J'interroge mon père
Il est étonné
C'est la première fois que je suis curieux
Il m'explique
En quelques semaines l'armée allemande nous a écrasés
Pétain a donné l'ordre de ne plus se battre
Les Allemands occupent la France
Enfin presque toute la France
Ils ne sont pas encore par chez nous
Mais ce sont eux qui donnent les ordres
Il y a ceux qui obéissent et ceux qui résistent
Un autre mot que je ne connaissais pas : résister

La mère d'Anna est repartie pour l'Alsace
Puisque la guerre est finie
Son père est resté, elle aussi
Elle a changé, son corps est plus vivant
Mais son regard est toujours aussi farouche
Son corps, je l'ai surpris un jour qu'elle se lavait presque nue à la pompe de la cour
Elle n'a pas eu l'air gênée, moi si
Un corps de femme c'est si troublant
Son père aussi a changé
Le soir il parle de l'Alsace où il ne peut plus aller
Puisqu'elle est à nouveau allemande
J'ai du mal à assembler les morceaux de cette histoire
Je demanderai à l'instituteur
Au café j'écoute les conversations
Je suis comme un enfant qui apprend tous les jours des mots nouveaux :
Ligne de démarcation, fascisme, collaborateur, Gestapo, Vichy, de Gaulle
Anna comprend plus vite que moi
Elle me demande :
« Toi, tu choisis quoi ? »
« Qu'est-ce qu'il faut choisir ? »
« Tu obéis ou tu résistes ? »
Ça va trop vite
Je suis un lent, j'ai besoin de tout comprendre avant de me décider
Tout s'accélère encore
La France entière occupée
Les Allemands sont chez nous aussi maintenant
D'autres mots que je ne connais pas : milice, maquis, délation, Juifs
Des Juifs qu'on arrête même à Périgueux
Des Juifs qui se cachent chez nous, dans la grange
Au café Fernand me dit :
« Le premier maquis s'est installé dans vos bois. Il en pense quoi Louis ? »
Il faut que j'aille voir
Dans les bois un campement
Des hommes que je connais, Camille, Victor, René…
D'autres que je ne connais pas

Qui viennent de loin
Qui ont fait d'autres guerres ou qui ont déserté
Je suis le fils de Louis ils m'accueillent bien
Mon père est de leur côté ils disent
Ils me montrent leurs caches d'armes, leurs planques, la prison pour les collabos
Tout ça m'excite et m'effraie
Alors c'est ça la guerre !
On dirait un jeu !
Ça n'est pas un jeu !
Une nuit de bal dans la grange des Dupuy la milice a débarqué, Marcel en tête
Anna s'est plantée devant lui
Lui a crié : « Salaud »
J'ai eu peur pour elle
Je l'ai entraînée dehors
On est rentrés à la ferme sans rien dire
Je lui tenais la main elle ne l'a pas lâchée
Je n'ai pas dormi cette nuit-là
Un fourmillement dans la main me tenait éveillé
Maintenant je suis décidé
Je choisis Anna contre Marcel
Les filles voient plus profond.

Un jour, Marcel vient à la ferme
Chercher du ravitaillement
Mon père refuse
Marcel le menace : « Fais attention à toi Louis »
Mon père ne refuse jamais aux gars du maquis
« C'est quelqu'un ton père » dit Fernand
J'aimerais qu'on dise ça de moi
Pourquoi Marcel est dans la milice ?
Pourquoi j'ai envie de désobéir ?
Je croyais connaître Marcel
On allait à la pêche ensemble
Il fabriquait des mouches pour moi
Il était pas méchant

Je ne suis plus seulement le fils de Louis
Je suis Thomas qui veut se battre
J'apprends que chaque mot a un sens
Une drôle de sensation dans mon corps
Mon dos est plus droit
Un soir, je dis à mon père que je voudrais rejoindre ceux du maquis
Que je n'irai pas au STO
Que je ne suivrai pas les gendarmes qui viendront me chercher
Dans ses yeux une drôle de lueur
Il dit seulement :
« Tu vas nous manquer à la ferme
Demande à ta mère de préparer tes affaires »
Le lendemain matin
Je dis à Anna que j'allais prendre le maquis
Pour la première fois elle me regarde vraiment
Elle me serre la main
Comme un copain
Elle me montre un cahier
« Aujourd'hui je parlerai de toi dans mon cahier »
C'est quoi ce cahier ?

Je suis avec eux maintenant
Ces bois que je connais si bien prennent d'autres couleurs
On m'a confié les armes à surveiller
Ce n'est pas encore le moment d'agir il paraît
On se prépare
J'ai beaucoup de questions à poser
Je les garde pour moi
J'écoute les hommes
Je me sens un gamin face à eux
Ils ne sont pourtant pas beaucoup plus vieux que moi
Il paraît qu'on torture ceux qui sont pris
Il vaut mieux en savoir le moins possible
Est-ce que je supporterais la douleur ?
Est-ce que je parlerais ?
Je ne sais pas
Anna déboule parfois avec son vélo

Elle nous porte des messages
Les hommes l'aiment bien
Elle ne fait pas de chichis
Un soir on m'envoie chercher du lait chez nous
J'y vais avec Pedro
Un Espagnol qui s'est battu contre Franco
Il vient d'arriver
Il m'a raconté sa guerre
Chez eux l'ennemi était à l'intérieur
Des frères se sont affrontés
Les républicains ont perdu contre les fascistes qui soutenaient Franco
Je l'admire
Parce qu'il ne renonce pas
Nous arrivons à la ferme à la nuit
Ma mère prépare le souper
Anna l'aide
Elles s'entendent bien maintenant
Je les entends rire parfois
Les rires chez nous c'est pas souvent
Je présente Pedro
Anna se retourne
Leurs regards se croisent, s'accrochent
Ne se quittent plus
Pendant quelques secondes qui durent un siècle
Je n'ai jamais osé regarder une fille droit dans les yeux comme ça
Chez nous, ça se passe pas comme ça l'amour
On sait qu'un jour après un bal
On fréquentera une fille du village
Ou d'un village voisin
On la mariera
Elle viendra habiter chez nous
Et la vie s'écoulera sans passion, sans drame
« Pedro il faut y aller » je dis
Nous quittons la ferme
Nous rejoignons le maquis
En chemin Pedro me demande :
« D'où vient cette fille aux cheveux roux ? »
Je lui raconte

« Elle est belle » il dit
« Oui elle est belle ».

Je mélange un peu les dates maintenant
Il s'est passé tant de choses en quelques mois
Ils sont de plus en plus nombreux à nous rejoindre
Des hommes qui viennent d'autres combats
Qui croient à la liberté
Des hommes d'ici qui refusent de partir en Allemagne
J'ai retrouvé mon ami Robert
Il a sauté du train qui l'emmenait
Il a pas intérêt à se faire prendre
Alors il reste dans les bois
Il s'occupe de la cuisine
Ça devient difficile de nourrir tout le monde
Un nouveau mot que je ne connais pas : communisme
Pedro m'explique
Moi qui étais seul à la ferme
Je découvre la camaraderie des hommes entre eux
J'observe Pedro
J'aimerais avoir son regard et ses mains
Je sais qu'Anna et lui se retrouvent parfois
Je le devine à ses yeux qui brillent
Quand il revient de leurs rendez-vous
Un jour que je passais embrasser ma mère
J'ai vu le cahier d'Anna qui traînait
Je l'ai ouvert, je n'aurais pas dû
L'amour à toutes les pages
Un amour au présent
Qui ne parle jamais d'avenir
Un amour trop violent pour moi.

Encore un hiver rude
Le premier que je passe dans les bois
Nous nous abritons dans les cabanes des feuillardiers
Ou dans les granges

J'ai choisi mon nom de maquis, Tarzan
Je ne sais pas pourquoi
Si, une couverture de livre, un homme seul dans la jungle
Ma première garde de nuit
Je découvre la forêt pleine de bruits
La peur jusqu'au lever du jour
Au matin, Pedro est venu me relever
Avec du café
Il savait bien sûr.

Au printemps
Les chefs nous disent
Que quelque chose se prépare
Les Anglais et les Américains, les Alliés comme ils disent, vont débarquer
Nous libérer des Allemands
Il est temps
Tout devient plus violent
Les Allemands se déchaînent contre les résistants
Les maquisards sont sans pitié pour les traîtres
Je n'aime pas cette violence
Faut-il tuer pour être un homme ?
Libération ! Un beau mot !
Nous écoutons les messages à la radio
Ils me font rêver
« Les mésanges bleues préparent leur nid »
« Les blés lèveront bientôt »
C'est mon père qui apporte la nouvelle
Il a entendu le message qu'on attendait
Des mots d'un poète il paraît
Anna doit être contente
Ils ont débarqué en Normandie
On dit qu'ils vont aussi venir ici
On attend des parachutages
Nous ne serons plus seuls
Nous sortons des bois maintenant
Au village on nous ouvre les bras
Tout le monde veut être résistant

Prendre les armes
Les maquis doivent s'unir dit notre chef
Il faut empêcher les Allemands de remonter vers la Normandie
Ici ils s'affolent
Ils annoncent que tous les terroristes seront fusillés
Mais nous nous sentons des ailes
Même moi
Nous multiplions les actions, nous prenons trop de risques
Anna est souvent dans les bois avec nous
Quand elle nous voit partir, elle serre les poignées de son vélo
Mais elle ne dit rien.

On reparle de parachutages
Il faut préparer le terrain autour de Mouleydier
Par trois fois nous y affrontons les Allemands
Jusqu'à ce 21 juin où tout a basculé
Plusieurs maquis se sont retrouvés là
Les Allemands nous encerclent
Si nous nous rendons, nous aurons la vie sauve
Annoncent-ils
Nous ne nous rendrons pas
Nous essayons de rejoindre la forêt de Liorac
Par la petite route qui monte du village, qui passe sous un pont
Nous sommes presque tous passés lorsque les Allemands nous surprennent
Camille est fauché par une rafale
Pedro se précipite il tombe aussi
Il rampe jusqu'à une maison
Il traîne Camille avec lui
Nous ne pouvons pas revenir en arrière
Leurs corps brûleront dans le brasier que les Allemands laisseront derrière eux dans la nuit
Anna vient juste d'arriver en vélo, Maurice l'a retenue
Elle n'a rien vu
Nous traversons la forêt de Liorac, silencieux
Je ne pense qu'à Anna
Elle est dans la voiture de Maurice, sonnée par toute cette violence

Nous arrivons à la ferme
C'est maintenant seulement que j'ai peur.

Je me souviendrai toujours de cette veillée
Des visages fermés
Des mains crispées sur les verres
Du cri d'Anna
De son corps qui s'effondre dans les bras de ma mère
Ce soir-là j'ai grandi d'un coup.

Nous n'en avons pas fini avec la violence
L'été souffle le chaud et le froid
Les Allemands toujours présents
Les fusillés de Périgueux
Des mots qui recouvrent d'autres violences : déportation, camps de concentration
Mais aussi
Les résistants qui s'évadent de la prison de Bergerac
Des gendarmes qui osent dire de quel côté ils sont
La libération de Périgueux, de Bergerac enfin
Grand défilé des maquis, ma mère est fière de moi, mon père aussi je crois
Moi, je ne sais pas
Les femmes qui ont aimé des Allemands sont tondues en public
On retrouve le corps de Marcel dans un fossé
Je n'aime pas ça.

Anna est comme endormie par le chagrin
Elle aide ma mère
Ou va marcher dans les bois pendant des heures
Embrasse son père en rentrant
Monte se coucher en me faisant un petit signe.

Je ne m'engagerai pas dans l'armée qui va monter vers Royan
Je ne me sens pas une âme de soldat

Je serai plus utile à la ferme
Près d'Anna
Silencieuse
Sauf avec ma mère avec qui elle parle à mi-voix.

À nouveau les vendanges
Anna se fatigue plus vite
Un soir, je vois qu'elle peine avec sa hotte pleine de grappes de raisin
Je lui demande si elle veut de l'aide
Elle me dit :
« Oui, c'est lourd, j'attends un bébé »
Dans ma tête, un coup de tonnerre
La décharge des regards, l'amour dans les bois, le cahier, son corps si plein maintenant
Je savais pourtant
Je ne voulais pas savoir
Je ne réponds rien
Je suis heureux de ne pas être parti pour Royan
Elle aura peut-être besoin de moi, enfin.

Elle a repris ses études
Elle veut entrer à l'école normale
Elle étudie à la maison
Entre ses livres et la terre
Son corps se gorge de vie
Son père est là, timide devant son chagrin
Il est précieux pour mon père
L'Alsace est toujours occupée
J'aurais pu être de ceux qui vont la libérer.

Les cloches ont sonné à Saint-Front pour annoncer sa libération enfin
Le père d'Anna va partir
Elle reste
Elle veut être institutrice ici

J'attendrai qu'elle me regarde
Qu'elle découvre que je suis devenu un homme
Je l'accueillerai elle et son amour pour Pedro
Elle et son enfant
J'aurai le cœur assez grand.

La ferme est silencieuse
La neige de ce matin recouvre les chagrins.

Ma fille est née un jour de neige.

Juillet 2009.

Ce matin, la neige

EN SCÈNE

Ce matin, la neige

en scène

Texte	Françoise du Chaxel
Anna	Isabelle Gardien sociétaire de la Comédie-Française
Thomas	Stéphane Delbassé
Mise en scène	Sylvie Ollivier
Scénographie, lumières et images	Nicolas Simonin
Son	Thibault Hédoin
Costumes	Mariane Delayre

Après une lecture en août 2010
au Festival des Jeux du théâtre de Sarlat

Création

ELIA Compagnie
En Dordogne

Beauregard-de-Terrasson	21 janvier 2011
Carsac-Aillac	23 janvier 2011
Saint-Jory-las-Bloux	25 janvier 2011
Trémolat	27 janvier 2011
La Coquille	29 janvier 2011

Au Théâtre Le Palace, dans le cadre de la programmation
du Théâtre de L'Odyssée - scène conventionnée de Périgueux
1er février et 2 février 2011

Tournée en Alsace, en Île-de-France, en Aquitaine
2011-2012

Coproduction

ELIA Compagnie
L'Agence culturelle départementale Dordogne-Périgord
L'Odyssée - Scène conventionnée de Périgueux

Je suis née

par Françoise du Chaxel

Je suis née un jour de neige, à Bergerac, en Dordogne, en 1940.

Ma mère ne venait pas de Strasbourg comme Anna, mais cette neige, insolite dans cette ville douce du Périgord pourpre qu'elle me racontait à chaque anniversaire, a été le point de départ de l'écriture de ce texte dont j'avais l'idée et l'envie depuis quelques années.

Des rencontres avec d'anciens maquisards dans le village où j'ai une maison, puis, à l'occasion d'une pièce à écrire pour des lycéens de Terrasson, des recherches sur la Résistance si active dans ce département boisé, m'avaient fait croiser l'histoire des Alsaciens évacués vers ce département inconnu d'eux, la Dordogne. Ils y ont passé, pour certains d'entre eux, une année, pour d'autres beaucoup plus.

Cette «évacuation», proposée par Paul Valot, originaire de Périgueux, directeur général des services d'Alsace-Lorraine, préparée, organisée, tant le gouvernement français pensait que les Allemands, dès la déclaration de guerre, envahiraient l'Alsace, est assez peu connue et souvent confondue avec l'exode des populations de la zone occupée.

Dès que l'Allemagne eut envahi la Pologne le 1er septembre 1939, les murs de Strasbourg se couvrirent d'affiches donnant le signal de l'«évacuation» et indiquant les points de «recueil» où les Strasbourgeois et les habitants des communes longeant la ligne Maginot devaient se rendre avec leurs papiers, peu de vivres et peu de bagages. C'est là que des trains les attendaient pour les emmener vers le Sud-Ouest de la France, principalement vers la Dordogne.

Dès le 5 septembre, le maire de Périgueux informe la population que des réfugiés alsaciens vont arriver, à la cadence de trois mille par jour. Il invite les habitants à tenir leurs chambres prêtes et à répondre de bonne grâce à l'ordre de réquisition. Le premier train arrive en effet le 5 septembre, suivi par beaucoup d'autres.

Strasbourg s'était vidée de ses habitants, Périgueux devenait capitale alsacienne, la municipalité et tous ses services s'y installaient. Le personnel de l'hôpital de Strasbourg investissait Clairvivre près d'Excideuil et les richesses du musée étaient abritées à Hautefort.

Les habitants, eux, étaient répartis dans les villes et les villages.

Langue, culture, place de la religion, style de vie, tout opposait les Alsaciens et les Périgourdins. Les Alsaciens se retrouvaient en terre laïque, en pays de langue d'oc, les Périgourdins s'étonnaient de cette langue qui ressemblait à l'allemand et de cette étrange manie alsacienne de la propreté. D'où quelques incompréhensions mais aussi des amitiés fortes qui ont traversé les années.

Après l'armistice de juin 1940, les Alsaciens furent invités à rejoindre leur province. Beaucoup d'entre eux quittèrent le Périgord pour retrouver une Alsace allemande. Un certain nombre, ne supportant pas le bruit des bottes, revinrent en Périgord et participèrent activement à la Résistance. Ils retrouvèrent l'Alsace plus tard, après sa libération en mars 1945. Quelques-uns firent leur vie en Dordogne.

J'ai rencontré des Alsaciens restés en Périgord par amour ou par hasard de la vie, j'ai rencontré aussi des enfants de ces «évacués». J'ai lu de nombreux témoignages. J'avais envie de mettre des voix sur cette histoire.

En 2007, Théâtrales, pour fêter ses vingt-cinq ans, a demandé à vingt-cinq de ses auteurs d'écrire une pièce courte, publiée dans *25 petites pièces d'auteurs*.

Cette forme courte me convenait pour donner la parole à Anna cette jeune femme que j'avais en tête depuis quelque temps, qui aurait quitté Strasbourg adolescente avec ses parents et aurait passé les années de guerre dans une ferme de Dordogne au milieu des bois, y quittant l'insouciance et la colère de l'adolescence pour l'éveil à une conscience civique et à l'amour/douleur.

J'ai donc d'abord écrit l'histoire d'Anna, qui se souvient, qui refait le chemin personnel qui l'a décidée à rester là où elle a trouvé sa place.

Mais je sentais que je n'en avais pas fini. Qu'un autre regard sur cette histoire l'enrichirait. Et c'est à Thomas, le fils des fermiers, Thomas, le «taiseux» qui avait vu arriver cette étrange belle fille rousse, à lui qui avait assisté à son éveil, ne voyait qu'elle qui le regardait à peine, s'était engagé et avait rejoint les maquisards dans les bois, que j'ai donné la parole à son tour.

Deux voix pour raconter la même histoire.

C'était pour moi, à travers l'histoire d'Anna et de Thomas, l'occasion de mêler l'intime et l'Histoire, de parler d'exil et d'engagement, d'amour aussi. J'ai accompagné Anna et Thomas sur le chemin qui les a menés vers l'âge des déterminations.

F. D. C.

Une quête incessante

Note d'intention et de mise en scène

par Sylvie Ollivier

Je suis née dans un pays baigné de soleil, au bord de la mer, l'Égypte.

Un jour de juillet 1956, le canal de Suez a été nationalisé et nous sommes partis en bateau, mes parents abandonnant leur appartement, arrachés à leur famille et à leurs souvenirs. J'ai vu la douleur de ma mère, et l'inquiétude de mon père. Je me souviens de leur arrivée dans un pays aux hivers froids, dans lequel ils avaient tout à reconstruire. Je venais de fêter mes sept ans.

Je me suis longtemps sentie étrangère dans mon propre pays, agressée par les : « Tu es née en Égypte, tu es égyptienne ! » Mon vocabulaire était souvent décalé. Je n'avais pas la même histoire ni les mêmes souvenirs que mes camarades. J'ai eu longtemps beaucoup de mal à communiquer avec les autres. Et j'ai mis du temps, beaucoup de temps pour me sentir enfin à ma place, pleinement dans ma langue, vraiment française.

Françoise du Chaxel parle de la difficulté à communiquer, à vivre dans le regard de l'autre, à exister face aux autres. Elle parle de l'absence, absence à soi, absence aux autres. Elle parle de l'exil. Elle parle de la difficulté à être soi, de cette quête incessante d'une identité qui nous échappe, elle parle de la passion, de l'engagement.
Son écriture me touche profondément.

L'écriture de Françoise du Chaxel, partition rigoureuse nourrie du réel et des bruits du monde, nous renvoie à nous-mêmes et à notre propre histoire, à nos exils et à nos guerres, à l'humain.
Elle me touche par sa pudeur, son économie, sa densité, cette manière de laisser la porte ouverte à l'imaginaire sensible du spectateur.

Ce matin, la neige est la seconde pièce que Françoise du Chaxel confie à ELIA Compagnie. Nous avons décidé de poursuivre notre collaboration née à l'occasion de la création de *Des traces d'absence sur le chemin.*

Ce matin, la neige confrontait, à l'origine, deux monologues qui se suivaient sans se mêler, deux points de vue des mêmes événements : l'évacuation des Alsaciens après l'invasion de la Pologne par l'Allemagne.
On entendait d'abord Anna, alsacienne, qui en 1939 avait seize ans.
Puis Thomas, le fils des fermiers périgourdins qui avaient accueilli la famille d'Anna.

À la demande des comédiens, avec Françoise du Chaxel nous avons fait en sorte que ces deux monologues se croisent, se portent, un peu comme les personnages qui avaient vécu côte à côte. Thomas observait Anna qui croisait Thomas, souvent sans le voir.
Comme en contrepoint, les deux monologues se superposent et s'accompagnent, parallèles ou imbriqués, une fugue en forme de récit, pour éclairer les personnages plus fortement dans leur intimité. Parfois, ils se transforment en duo pendant un instant bref, intrusion brutale du présent et du discours direct dans un récit d'événements rapportés au passé.

Ce matin, la Dordogne se réveille sous la neige… La guerre est finie. Mais de la blancheur ouatée de la neige surgissent les images enfouies d'une mémoire douloureuse. Ces images émergent par associations de sons, d'odeurs, de mots lus ou entendus. Anna puis Thomas racontent, se racontent. Et en même temps qu'ils racontent, ils revivent les événements pas à pas, comme s'ils comprenaient soudain l'essence même de leur vie, de leur histoire et donc de l'Histoire.
Les spectateurs voient des personnages qui s'emparent de leur vie pour en devenir les sujets. Ils accèdent enfin à eux-mêmes, à leur identité et à leur engagement. Le mouvement est l'essence même du texte, le mouvement de la pensée pour retrouver le fil de la mémoire.

Chaque mot et chaque geste pèsent. La parole devient chair. L'écriture dense est trouée de silences, les mots, les gestes restent comme suspendus. Par cette partition de mots et de silences, par cette chorégraphie des corps, on entend l'au-delà du texte.

Les corps se heurtent, se croisent, s'échappent, apparaissent, disparaissent. Les éclairages cadrent les corps et révèlent leur densité comme pour pénétrer l'âme et accompagner la pensée dans ses mouvements. Les sensations oubliées affleurent dans le corps et l'impriment.

Une grande économie de signes : mots, images, sons, sens, émotions, silences, lumières, pour provoquer du théâtre dans le corps même du spectateur. Et s'il y a des images, elles ne seront pas illustratives. Rythmes, matières, sensations infimes, lumières, images récurrentes et fugitives seront les contrepoints des mots.

L'acteur doit se saisir de cette matière en mouvement, de cette narration en train de se faire. Il doit en comprendre tous les développements, tous les silences, toutes les articulations.
Il doit épouser les pas de l'auteur et être très concret dans sa parole, et en même temps il doit ouvrir des pans très intimes, des réminiscences et des compréhensions très personnelles pour faire résonner le récit, le découvrir dans le même temps que le spectateur.

Dans la scénographie, une certaine douceur, une sorte d'immatérialité, contrechamp au texte très concret.
Un dispositif scénique simple et ouvert, une page blanche, des tombées de toiles. Des panneaux facilement modulables et transportables, superposés en profondeur pour jouer sur les apparitions, disparitions, superpositions, et sur les entrées de lumières et d'images, traduisant l'espace intérieur des personnages.
La lumière concentrera toute l'attention du spectateur sur la tension de l'expression des corps et des visages.
L'espace proposé, léger, se veut écrin au texte pour ne pas casser le fil tendu d'une mémoire qui surgit et se révèle pas à pas, au présent.
L'écriture de Françoise est très précise, et nous sommes saisis par l'émotion qui s'empare de nous dès la lecture… D'où vient cette force de l'émotion et comment la restituer sur le plateau, comment ne pas la mettre en danger ?

La parole vibre, des êtres parlent, tâtonnent, questionnent, fuient, se débattent et s'apaisent… peut-être. Au travers de l'histoire commune – l'exil, la guerre, l'exode, l'engagement –, l'histoire de l'Humanité entière.
Comment être et advenir dans ce monde de bruit et de fureur ?

S. O.

CE MATIN, LA NEIGE

Version scénique
composée pour la création
par Françoise du Chaxel et Sylvie Ollivier

PERSONNAGES

ANNA

THOMAS

ANNA.– Ouvrir la fenêtre
Les yeux encore fermés sur les rêves du matin
Je ne pense qu'à une chose
Ouvrir la fenêtre
C'est l'hiver pourtant
Aucun bruit
Voilà c'est ça
Je n'entends aucun bruit
J'ouvre les yeux
Une drôle de lumière
Celle que renvoie la terre lorsque la neige la recouvre
Je connais cette lumière
Chez moi, là-bas, la neige est là dès novembre
On rentre dans la maison
On se fait son cocon de solitude en attendant le printemps
Les enfants l'attendent comme un premier cadeau de Noël
Ici tout est doux
L'hiver n'est pas l'hiver
La douceur de l'océan remonte la rivière
La voix chante, le vin est sucré
On se promène sans gants et sans écharpe à Noël au bord de la Dordogne
Ici
La neige est une étrangère
Ils ne savent pas comment l'accueillir.

Des années que je n'ai pas vu la neige.

1er septembre 1939
Je suis une enfant de l'été
Je viens d'avoir seize ans
La chaleur de cet été encore bien présent a nourri l'insouciance
Et endormi les inquiétudes
1er septembre 1939
Le tocsin retentit

Sur les murs de Strasbourg, de grandes affiches blanches aux lettres noires
Disent qu'il faut partir
Rejoindre les points de rassemblement
Emporter trente kilos de bagages, nos papiers, quatre jours de vivres, c'est tout
Je n'y comprends rien
Je pose des questions
Mon père dit que les Allemands ont envahi la Pologne
Il a les yeux brillants de larmes
Je ne l'ai jamais vu pleurer
Quel rapport entre l'invasion de la Pologne et cet ordre ridicule ?
Mon père dit qu'il faut obéir
Je n'aime pas obéir
On s'entasse dans la voiture des voisins
On quitte Strasbourg, on prend la route de Colmar
Les voitures surchargées de chagrins se suivent
Je me ferme sur ma colère
Erstein, Epfig, Barr
Au pied des Vosges l'odeur des sapins vient jusqu'à nous
C'est le moment des myrtilles
Pour nous c'est le moment du départ
On s'entasse dans des trains aux banquettes en bois
Hier soir j'ai écrit dans mon journal : « Je ne veux pas partir »
Je commençais seulement à me trouver jolie
Il va falloir changer de miroir
Je n'ai rien voulu emporter que ce cahier et quelques vêtements
Je ne laisse pas grand-chose
Des douleurs et des douceurs d'enfance
Mon père a laissé ses outils d'horloger
Il n'a emporté que sa loupe qu'il tient serrée dans sa main
D'autres ont laissé leurs bêtes dans les prés
Ils ne pensent qu'à elles.

Ce matin, la neige
Alors que le printemps est proche
Ce matin, la neige

Doublement insolite
J'ouvre la fenêtre
La neige ne tiendra pas sur cette terre chaude
Chez nous elle s'installait
Ralentissait le temps
Ici le temps est passé vite
Je n'ai pas senti l'enfance me quitter.

Le train roule, les banquettes en bois me meurtrissent le dos
Je saurai plus tard que nous avons eu de la chance
Que d'autres sont partis dans des wagons à bestiaux
Des femmes, des vieux, des enfants qui jouent dans le couloir
Pas beaucoup d'hommes
Pourquoi mon père est-il avec nous ?
Où allons-nous ?
Un nom circule : la Dordogne
Pourquoi ? Personne ne sait, personne ne connaît
Dordogne, préfecture Périgueux, sous-préfectures Bergerac, Nontron, Sarlat
J'ai appris ça à l'école
Ma mère parle sans cesse
Elle raconte l'autre guerre, quand l'Alsace était allemande
Je n'écoute pas
Je pense à Jean dont je venais juste de croiser le regard
Dans la boutique de mon père
Mon père est silencieux
Il regarde par la fenêtre du wagon, le poing serré sur sa loupe d'horloger et sur ses souvenirs
Trente heures pour traverser la France
Diagonale de l'abandon
Le train s'arrête, ne repart plus, une gare, Périgueux
C'est là que nous descendons
Troupeau épuisé sur les quais
On nous regarde, on me regarde
Mes cheveux roux, ma peau blanche
Je me sens étrangère
Le réfectoire du lycée de filles nous attend

Je reconnais des odeurs
C'est bientôt la rentrée, est-ce que j'irai encore au lycée ?
J'aime les livres, je m'abrite derrière eux pour rêver
Les cris, les fatigues, les chagrins rebondissent sur les murs du réfectoire
Pas question de rêver
Quelqu'un essaie de faire l'appel, il écorche nos noms
Existons-nous encore ?
Le voyage nous a-t-il effacés ?
Le lycée va nous abriter pour la nuit
Je me sens sale, laide, je voudrais me laver
Impossible
Je garde mon odeur d'étrangère
Je ne sais toujours pas pourquoi nous avons quitté Strasbourg
Une punition ?
Serrée contre ma mère sur un petit lit du dortoir, je mords mes poings pour ne pas pleurer.

Depuis ce jour-là j'ai les yeux secs
La neige de ce matin fera peut-être monter mes larmes.

Je ne dors pas, je me lève
Je cherche quelqu'un avec qui parler
Dans le couloir, une femme veille sur nous, assise sur une chaise
Je m'approche, elle met un doigt sur ses lèvres
Je lui demande à mi-voix si elle sait pourquoi nous sommes là
Elle me fait répéter
Lorsqu'elle me répond je comprends que mes mots ne chantent pas comme les siens
Elle me dit que la guerre est déclarée
Je ne sais pas ce que ça veut dire
La guerre c'est dans les livres d'Histoire
L'été ne va pas avec la guerre
Le train à nouveau, nous n'étions pas au bout du voyage
Nous voilà sur la place d'un village
Six familles du même faubourg de Strasbourg

Personne pour nous accueillir
Des odeurs que je ne connais pas m'étourdissent
Quelqu'un passe
Nous voit assis sur nos valises
Le maire arrive, il n'était pas prévenu
Il ouvre l'école pour la nuit
L'odeur de l'encre se mêle à celle des châtaigniers
Je préfère celle de la résine des sapins
Au matin le maire revient nous voir, il n'est pas seul
Il dit que nous allons habiter chez ces fermiers qui l'accompagnent
Les femmes se concertent en alsacien
Elles n'ont pas compris
Moi, si
Je m'entends crier : « Non »
Je n'aime pas la campagne
J'aime la ville je m'y sens à l'abri pour grandir
Ma mère me fait les gros yeux
Les fermiers nous dévisagent
Je devine leurs questions
D'où viennent-ils ? Ils ne parlent pas français !
On dirait de l'allemand !
Plus tard ils nous appelleront les Ya-Ya
Qu'allons nous faire dans une ferme ? Mon père est horloger
Je vais au lycée, j'aime les livres
J'ai peur des animaux.

Aujourd'hui, j'ai oublié le parfum des villes
Mon corps a pris le rythme des saisons.

Un homme dit qu'il peut accueillir une famille dans sa ferme
Mon père s'avance
Et dit en alsacien qu'il le remercie
Ma mère le suit
Je reste en arrière, ma mère vient me prendre la main
Elle me demande de parler pour nous trois
Je ne peux pas parler

Mais je la suis
L'homme s'approche de mon père et lui tend la main
« Benvenguts » dit-il, dans son patois sans doute
Il a compris que la langue était notre seul bien
Mon père lui serre la main
J'ai honte de ma révolte de gamine
La ferme est entourée de bois
Chez nous les villages sont rassemblés autour des églises
Ici les fermes s'isolent dans la campagne
S'isolent tout court
Je me sens hors du temps
Pas d'eau courante
On se lave dans de grandes bassines dans la salle commune
Je préfère me laver dehors à la pompe de la cour
Comment ferons-nous en hiver ?
Les toilettes au fond du potager
Pas d'électricité
Des lampes à carbure pour la salle commune
Des lampes à alcool pour les chambres
Nous dormons tous les trois dans la même chambre sombre
J'ai peur des bruits de la nuit que je ne connais pas
Je dis que je ne pourrai pas vivre ici
Qu'il faut que j'aille au lycée
Que j'ai besoin d'un miroir pour savoir qui je suis
Ma mère dit que nous rentrerons bientôt chez nous
Après les vendanges sans doute
Pourquoi sommes nous partis
Abandonnant Strasbourg comme une belle endormie ?

THOMAS.– La neige !
J'en étais sûr
Hier soir le ciel était blanc
Les chiens tiraient sur leurs chaînes
Les bêtes étaient pressées de rentrer
J'avais froid dans mon lit
J'avais remis l'édredon d'hiver

La ferme est silencieuse
Anna n'est pas là
Mais la maison est pleine d'elle
De son corps si vivant
De ses colères
De ses rires
De ses silences
Je ne parlais pas comme ça avant
Avant ce matin de septembre.

La nouvelle de la guerre était à peine arrivée jusqu'au village
On parlait surtout des vendanges
On surveillait le ciel
Mon père était allé les chercher au bourg
Il n'avait pas dit qui devait venir habiter chez nous
Ni pourquoi
Je la revois arriver derrière ses parents
Visage fermé
Elle a caressé les chiens dans la cour
Elle ne m'a même pas regardé
Quand elle est entrée dans la maison
J'ai vu son dos se raidir
Ma mère leur a montré leur chambre
Elle s'y est enfermée
Elle n'est descendue que pour manger
Entre chaque cuillerée de soupe, elle regardait autour d'elle
Elle est remontée dans leur chambre sans un mot
Par gestes, sa mère s'est excusée pour elle.

J'avais dix-sept ans
Pas de frère, pas de sœur
Je ne connaissais rien aux filles
Juste ce que racontaient les copains
Ou ce que j'avais pu deviner à l'école
Alors celle-là
Avec ses cheveux roux, ses yeux ni bleus ni verts

Et sa colère
J'osais pas lui parler
Elle, elle me voyait pas
Elle me parlait pas.

Elle se levait tôt
Elle s'asseyait devant son bol de café au lait
Silencieuse
Un matin, elle m'a demandé où était le lycée
Comment on faisait pour y aller
J'ai dit que j'avais quitté l'école après le certificat
Pour travailler à la ferme
Que si on allait au lycée on était pensionnaire
Elle n'a rien dit.

Les vendanges approchaient
Ma mère préparait les grandes tables dans la cour
D'habitude, les soirs de vendange
Après le souper on chantait, on dansait
Cette année-là, on n'avait pas le cœur à chanter
Il y avait des places vides
Les hommes étaient mobilisés
Ceux qui étaient restés allaient de ferme en ferme pour aider
Je ne quittais pas Anna des yeux
Je la trouvais belle
Belle mais sauvage
Elle faisait pas sa coquette comme les filles du pays
J'osais toujours pas lui parler
Elle travaillait dur dans les vignes
Le soir elle mangeait vite et montait se coucher
Les gars la suivaient du regard
Ses yeux ni bleus ni verts les tenaient à distance
Au café, chez Fernand, ils se moquaient :
« Thomas, t'as touché le gros lot ! Y a une belle rousse chez toi !
Méfie-toi, les rousses c'est comme les renards, ça fait ses coups en douce »

Je plongeais le nez dans mon verre
Ils en rajoutaient :
« Elle parle français au moins ? »
Je ne répondais pas
Oui elle parlait français
Son français ne chantait pas comme le nôtre
Avec ses parents elle parlait alsacien.

Elle n'est pas allée au lycée
Chaque matin elle descendait au bourg, à l'école
Elle revenait le soir
Parlait avec ma mère des enfants
Ceux du village, ceux qui venaient d'ailleurs
Du Nord de la France ou d'Alsace comme elle
Parfois elle écoutait la radio avec mon père
Lui posait des questions
Après le souper
Elle montait dans leur chambre
« Bonsoir, je vais lire » elle disait
Si elle restait avec nous pour casser les noix
Elle y mettait toute sa colère
J'étais jaloux de ces livres qui l'attendaient là-haut
Un jour
C'était jour de marché
Ils étaient tous au bourg voisin
J'ai pas pu résister
Dans leur chambre
J'ai vu les livres à côté de son lit
Je les ai ouverts
Des poésies à chaque page
Je ne savais pas que ça existait des livres de poésie
Je ne connaissais que celles que le maître nous faisait copier sur le cahier
Qu'on devait apprendre par cœur
Que je récitais en tremblant devant les autres
Sans savoir ce que je disais

Je ne savais pas d'où elles venaient
Au souper, Anna m'a regardé d'un drôle d'air
Je suis sûr que j'ai rougi.

ANNA.– J'ai refermé la fenêtre
Je sais que la neige est là
J'entends les cris des enfants qui jouent
Mon corps retrouve des sensations oubliées
Douleur ou douceur ?

Septembre 1940, les vendanges sont proches à nouveau
Elles seront mélancoliques
Un an que nous sommes là
L'hiver a été rude
Je connaissais le froid, mais pas celui-là
La grande cheminée et la cuisinière pour tout chauffage, l'humidité des chambres
Je ne suis pas allée au lycée
Plus envie
Plus envie de la ville non plus
Tout en moi était endormi, les désirs et les révoltes
Au bourg, j'ai aidé l'instituteur auprès des enfants alsaciens
À Noël, nous avons mis un sapin dans la classe
Le soir mon père venait apprendre le français, pas ma mère
En rentrant je ramassais les châtaignes dans les bois pour le souper
J'ai appris à ne pas me plaindre
Les fermiers sont braves, c'est leur vie qui est rude
Dans cette rudesse j'ai trouvé une place
Je n'ai plus peur des animaux
J'ai du plaisir à les soigner
Mais je déteste gaver les oies
Il y a une bible sur la table de chevet des fermiers
Ils sont protestants comme nous
Je vais au temple à Bergerac avec eux

Le pasteur ne vient pas à l'école comme chez nous
Ma mère a semé des fleurs dans la cour
Louise la fermière a d'abord trouvé ça bizarre
Les fleurs ça sert à rien
Maintenant il y a des fleurs partout
Mais ma mère n'est plus là
Dans la lumière franche d'un dimanche de juin
L'armistice a été signé
La guerre est finie, la France est vaincue
Ma mère a voulu rentrer chez elle
Comme beaucoup d'Alsaciens
Mais l'Alsace est allemande à nouveau
L'Histoire se répète
Elle a voulu rentrer quand même
Je suis restée avec mon père
Louis le fermier est content de le garder, il dit qu'il est vaillant
Ils parlent tabac tous les deux
Je découvre que mon grand-père plantait du tabac
Mon père dit qu'il n'a plus sa place là-bas
Je le questionne, il garde son secret
Pourquoi la France ne se bat-elle plus ?
Va-t-elle devenir allemande comme l'Alsace ?
Il y a trop de choses que je ne comprends pas
Une famille juive s'est installée chez l'instituteur
Ils viennent de Paris
Leur fille a les cheveux roux comme moi
En Alsace, il y avait beaucoup de Juifs
Surtout depuis quelques années
« C'est quoi un Juif ? » me demande Thomas, le fils des fermiers
Je ne sais pas quoi lui répondre
Nous sommes en zone libre
La ligne de démarcation qui coupe la France en deux n'est pas très loin
Des femmes la passent en vélo en tenue de vendangeuse
Elles vont chercher des nouvelles de leurs hommes
Que sont-ils devenus après la démobilisation ?
J'écoute les conversations de Louis et Louise, nos fermiers
Ils écoutent la radio
Il paraît que des hommes déjà se dressent contre l'occupant
Ils ont entendu des messages venus de Londres

Qui leur disent de ne pas céder
Je suis contente d'être restée là, mon corps me dit qu'il faut se battre
Je ne suis plus endormie
L'enfance m'a quittée pour de bon.

La neige de ce matin me dit que j'ai eu une enfance
Je l'avais oubliée.

THOMAS.– Je n'aimais pas sa mère
Je lisais dans ses yeux qu'elle nous prenait pour des sauvages
Mais j'aimais écouter son père
Il parlait bien français maintenant
Il me racontait ses pendules
Comme si c'était ses enfants
Les mécanismes, les balanciers, les carillons
Il avait des mains d'artiste
Les miennes étaient déjà dures
Pas faites pour caresser les filles
Ni réparer les pendules
Il me racontait ses pendules pour ne pas parler de lui
Pour ne pas parler de l'Alsace
Je suis descendu à l'école
J'ai regardé sur la carte de France où était l'Alsace
J'ai compris pourquoi elle était en danger
J'ai pris un livre d'Histoire
Il ne racontait que les guerres d'autrefois
J'ai demandé à ma mère comment c'était la guerre d'avant celle-là
Elle m'a dit : « Va voir le monument aux morts sur la place »
Sur le monument aux morts beaucoup de noms, celui de mon grand-père aussi
Beaucoup trop pour un village comme le nôtre
Pourquoi on recommençait ?
Pourquoi encore contre l'Allemagne ?

Cet hiver-là il a fait très froid
La mare avait gelé

Anna voulait qu'on fasse entrer les chiens dans la maison
Ma mère a dit non
La place des chiens est dans la cour
Ils sont habitués comme ça
Anna est sortie pour les caresser
Quand elle est revenue ses yeux brillaient
De larmes ou de colère ?
Le lendemain
Elle est venue me voir pendant que je trayais les vaches
« Elles aiment bien tes mains on dirait »
Une chaleur m'a envahi le ventre
« Pourquoi vous n'aimez pas les chiens ? »
Je ne m'étais jamais posé la question de savoir si je les aimais
Ils étaient là c'est tout
J'étais heureux qu'elle m'ait demandé ça même si je ne savais pas quoi répondre.

L'hiver a traîné jusqu'à l'été
Armistice !
Un mot que je ne connaissais pas
Qui était dans toutes les bouches
Ça voulait dire la fin de la guerre
Mais ça ne disait pas que la France était battue
Ça allait avec capitulation j'ai appris
Mon copain Marcel dit que c'est bien comme ça
Que les hommes qui étaient partis allaient rentrer
J'interroge mon père
Il est étonné
C'est la première fois que je suis curieux
Il m'explique :
En quelques semaines l'armée allemande nous a écrasés
Pétain a donné l'ordre de ne plus se battre
Les Allemands occupent la France
Enfin presque toute la France
Ils ne sont pas encore par chez nous
Ce sont eux qui donnent les ordres
Il y a ceux qui obéissent et ceux qui résistent

Un autre mot que je ne connaissais pas : résister
La mère d'Anna est repartie pour l'Alsace
Puisque la guerre est finie
Son père est resté, elle aussi
Elle a changé, son corps est plus vivant
Mais son regard est toujours aussi farouche
Son corps, je l'ai surpris un jour qu'elle se lavait presque nue à la pompe de la cour
Elle n'a pas eu l'air gênée, moi si
Un corps de femme c'est si troublant
Son père aussi a changé
Le soir il parle de l'Alsace où il ne peut plus aller
Puisqu'elle est à nouveau allemande
J'ai du mal à assembler les morceaux de cette histoire
Je demanderai à l'instituteur
Au café j'écoute les conversations
Je suis comme un enfant qui apprend tous les jours des mots nouveaux :
Ligne de démarcation, fascisme, collaborateur, Gestapo, Vichy, de Gaulle
Anna comprend plus vite que moi
Elle me demande :
« Toi, tu choisis quoi ? »
« Qu'est-ce qu'il faut choisir ? »
« Tu obéis ou tu résistes ? »
Ça va trop vite
Je suis un lent, j'ai besoin de tout comprendre avant de me décider
Tout s'accélère encore
La France entière occupée
Les Allemands sont chez nous aussi maintenant
D'autres mots que je ne connais pas : milice, maquis, délation, Juifs
Des Juifs qu'on arrête même à Périgueux
Des Juifs qui se cachent chez nous, dans la grange
Au café Fernand me dit :
« Le premier maquis s'est installé dans vos bois. Il en pense quoi Louis ? »
Il faut que j'aille voir
Dans les bois un campement

Des hommes que je connais, Camille, Victor, René…
D'autres que je ne connais pas
Qui viennent de loin
Qui ont fait d'autres guerres ou qui ont déserté
Je suis le fils de Louis ils m'accueillent bien
Mon père est de leur côté ils disent
Ils me montrent leurs caches d'armes, leurs planques, la prison pour les collabos
Tout ça m'excite et m'effraie
Alors c'est ça la guerre !
On dirait un jeu !
Ça n'est pas un jeu !
Une nuit de bal dans la grange des Dupuy la milice a débarqué, Marcel en tête
Anna s'est plantée devant lui
Lui a crié : « Salaud »
J'ai eu peur pour elle
Je l'ai entraînée dehors
On est rentrés à la ferme sans rien dire
Je lui tenais la main elle ne l'a pas lâchée
Je n'ai pas dormi cette nuit-là
Un fourmillement dans la main me tenait éveillé
Maintenant je suis décidé
Je choisis Anna contre Marcel
Les filles voient plus profond.

ANNA.– 1942, plus de ligne de démarcation
Toute la France est occupée
Ceux qui ne sont pas rentrés en Alsace sont considérés comme des émigrés
Mon père me dit enfin pourquoi il ne pouvait pas rentrer
Il avait déserté l'armée allemande pendant la guerre de 14
Il est indésirable comme le sont les Juifs, les Tziganes, les non-conformes
Je suis fière de lui
L'instituteur me fait lire les journaux

La haine à chaque page
La haine et la soumission
Je me sens du côté des indésirables
La famille juive qui vivait chez l'instituteur a disparu
Qui l'a dénoncée ?
Une autre famille est abritée dans la grange de la ferme
À la moindre alerte, ils partiront dans les bois
Depuis que je ne suis plus endormie, une rage m'habite
Je voudrais être juive.

La neige n'efface rien
Elle ne fait que cacher
Adoucir les contours
Feutrer les souvenirs
Ici il n'y a rien à cacher
En Alsace elle recouvre les empreintes des bottes.

1943
J'ai vingt ans
La guerre n'étouffe pas les désirs
J'ai un corps de femme maintenant qui me demande des comptes
Les bals publics sont interdits mais des bals s'organisent dans les granges
Je n'en rate aucun
J'y retrouve des Alsaciens réfugiés dans le canton
Ils avaient rejoint l'Alsace, ils n'ont pas supporté les bottes allemandes, ils ont déserté
Ils sont revenus, ils ne font pas que se cacher
Une nuit, la grange qui nous accueille est encerclée par des miliciens
Parmi les miliciens
Je reconnais un homme du village, je l'insulte
Je n'ai peur de rien
Thomas me prend par la main et m'entraîne dehors
Il me regarde comme s'il me découvrait
Autour de la ferme les bois
Je les connais bien maintenant

Je ne tremble plus en les traversant
Ils abritent un maquis de jeunes hommes d'ici et d'ailleurs
Alsaciens, Lorrains, Gitans, Espagnols, Géorgiens
Et des garçons du village qui refusent le travail obligatoire en Allemagne
Le désir de dire non les rassemble
Thomas est allé les rejoindre
Ses bras font défaut à son père
La ferme devient un lieu de passage et de ravitaillement
Louis prend des risques
Il sert de passeur, il conduit les hommes vers le maquis
Je sens que mon père revit
Il a réparé la grande pendule
Avec mon vélo je passe partout
On ne se méfie pas de moi
Je porte des messages
Je sais qui il faut éviter
Je dis non à ma façon
Un jour, Thomas vient chercher des provisions
Avec lui Pedro un Espagnol qui s'est battu auprès des républicains
Je regarde ses mains puis ses yeux
Ses mains disent qu'il sait manier les armes
Ses yeux disent qu'il ira jusqu'au bout
J'ai vingt ans
La guerre m'a volé mon adolescence
Un regard d'homme me fait exister
Le lendemain, je porte un message au maquis
Pedro fait le guet
Je m'avance, il me tend la main
J'y dépose le message, il referme sa main sur la mienne
Trop de chaleur tout d'un coup
La forêt brûle
Je ferme les yeux, les rouvre
Il sourit
« Cómo se llamá ? » dit-il
« Anna », je lui jette mon prénom sans savoir ce qu'il me demande
Je reprends mon vélo
Je dévale le sentier jusqu'à la ferme

Les branches des arbres m'écorchent, je ne les sens pas
Je traverse la salle comme une somnambule
Je dis : « Je n'ai pas faim, je vais me coucher »
J'ai besoin d'être seule avec ce feu qui ne s'éteint pas.

Celle qui a ouvert sa fenêtre sur la neige ce matin
Est cette Anna qui s'embrasait sous le regard de Pedro.

THOMAS.– Un jour, Marcel vient à la ferme
Chercher du ravitaillement
Mon père refuse
Marcel le menace : « Fais attention à toi Louis »
Mon père ne refuse jamais aux gars du maquis
« C'est quelqu'un ton père » dit Fernand
J'aimerais qu'on dise ça de moi
Pourquoi Marcel est dans la milice ?
Pourquoi j'ai envie de désobéir ?
Je croyais connaître Marcel
On allait à la pêche ensemble
Il fabriquait des mouches pour moi
Il était pas méchant
Je ne suis plus seulement le fils de Louis
Je suis Thomas qui veut se battre
J'apprends que chaque mot a un sens
Une drôle de sensation dans mon corps
Mon dos est plus droit
Un soir, je dis à mon père que je voudrais rejoindre ceux du maquis
Que je n'irai pas au STO
Que je ne suivrai pas les gendarmes qui viendront me chercher
Dans ses yeux une drôle de lueur
Il dit seulement :
« Tu vas nous manquer à la ferme
Demande à ta mère de préparer tes affaires »
Le lendemain matin
Je dis à Anna que j'allais prendre le maquis

Pour la première fois elle me regarde vraiment
Elle me serre la main
Comme un copain
Elle me montre un cahier
« Aujourd'hui je parlerai de toi dans mon cahier »
C'est quoi ce cahier ?

ANNA.– 1944
Un an déjà que je tremble de bonheur et de peur
Tout grandit
Mon amour pour Pedro, le danger
Nous savons maintenant ce que risquent ceux qui résistent
La Gestapo de Limoges brise les corps
Pas les espoirs
Les occupants sentent que le rapport de force se renverse
Les actions des maquisards se multiplient
On commence à croire qu'ils ont raison
Ils ne sont plus des terroristes mais des patriotes
Même si parfois leurs audaces
Mettent en danger la population
Ils ne sont plus seuls
Je ne suis plus seule
Je vais souvent rejoindre Pedro dans les bois
Entre nous pas beaucoup de mots
Des regards, des silences, des gestes que je ne croyais pas connaître
Nous n'avons jamais assez de temps pour nous apprendre
Il s'étonne de la couleur de mes cheveux
Je ne me lasse pas du noir de ses yeux
Parfois il parle de l'Espagne à genoux devant Franco
Parfois je parle de l'Alsace qui passe de main en main
Lorsqu'il part pour un sabotage
Je lis dans ses yeux la mort possible
Je ne dis pas mon angoisse
Je ne veux pas le retenir
À la ferme j'aide Louise qui n'est jamais fatiguée
Elle ne me parle pas de Pedro

Lorsqu'elle me voit prendre mon vélo, elle sourit avec les yeux
Mon père me regarde devenir belle
Je le regarde devenir fier.

THOMAS.– Je suis avec eux maintenant
Ces bois que je connais si bien prennent d'autres couleurs
On m'a confié les armes à surveiller
Ce n'est pas encore le moment d'agir il paraît
On se prépare
J'ai beaucoup de questions à poser
Je les garde pour moi
J'écoute les hommes
Je me sens un gamin face à eux
Ils ne sont pourtant pas beaucoup plus vieux que moi
Il paraît qu'on torture ceux qui sont pris
Il vaut mieux en savoir le moins possible
Est-ce que je supporterais la douleur ?
Est-ce que je parlerais ?
Je ne sais pas
Anna déboule parfois avec son vélo
Elle nous porte des messages
Les hommes l'aiment bien
Elle ne fait pas de chichis
Un soir on m'envoie chercher du lait chez nous
J'y vais avec Pedro
Un Espagnol qui s'est battu contre Franco
Il vient d'arriver
Il m'a raconté sa guerre
Chez eux l'ennemi était à l'intérieur
Des frères se sont affrontés
Les républicains ont perdu contre les fascistes qui soutenaient Franco
Je l'admire
Parce qu'il ne renonce pas
Nous arrivons à la ferme à la nuit
Ma mère prépare le souper
Anna l'aide

Elles s'entendent bien maintenant
Je les entends rire parfois
Les rires chez nous c'est pas souvent
Je présente Pedro
Anna se retourne
Leurs regards se croisent, s'accrochent
Ne se quittent plus
Pendant quelques secondes qui durent un siècle
Je n'ai jamais osé regarder une fille droit dans les yeux comme ça
Chez nous, ça se passe pas comme ça l'amour
On sait qu'un jour après un bal
On fréquentera une fille
Du village ou d'un village voisin
On la mariera
Elle viendra habiter chez nous
Et la vie s'écoulera sans passion, sans drame
« Pedro il faut y aller » je dis
Nous quittons la ferme
Nous rejoignons le maquis
En chemin Pedro me demande :
« D'où vient cette fille aux cheveux roux ? »
Je lui raconte
« Elle est belle » il dit
« Oui elle est belle ».

Je mélange un peu les dates maintenant
Il s'est passé tant de choses en quelques mois
Ils sont de plus en plus nombreux à nous rejoindre
Des hommes qui viennent d'autres combats
Qui croient à la liberté
Des hommes d'ici qui refusent de partir en Allemagne
J'ai retrouvé mon ami Robert
Il a sauté du train qui l'emmenait
Il n'a pas intérêt à se faire prendre
Alors il reste dans les bois
Il s'occupe de la cuisine
Ça devient difficile de nourrir tout le monde

Un nouveau mot que je ne connais pas : communisme
Pedro m'explique
Moi qui étais seul à la ferme
Je découvre la camaraderie des hommes entre eux
J'observe Pedro
J'aimerais avoir son regard et ses mains
Je sais qu'Anna et lui se retrouvent parfois
Je le devine à ses yeux qui brillent
Quand il revient de leurs rendez-vous
Un jour que je passais embrasser ma mère
J'ai vu le cahier d'Anna qui traînait
Je l'ai ouvert, je n'aurais pas dû
L'amour à toutes les pages
Un amour au présent
Qui ne parle jamais d'avenir
Un amour trop violent pour moi.

Encore un hiver rude
Le premier que je passe dans les bois
Nous nous abritons dans les cabanes des feuillardiers
Ou dans les granges
J'ai choisi mon nom de maquis, Tarzan
Je ne sais pas pourquoi
Si, une couverture de livre, un homme seul dans la jungle
Ma première garde de nuit
Je découvre la forêt pleine de bruits
La peur jusqu'au lever du jour
Au matin, Pedro est venu me relever
Avec du café
Il savait bien sûr.

Au printemps
Les chefs nous disent
Que quelque chose se prépare
Les Anglais et les Américains, les Alliés comme ils disent, vont débarquer
Nous libérer des Allemands

Il est temps
Tout devient plus violent
Les Allemands se déchaînent contre les résistants
Les maquisards sont sans pitié pour les traîtres
Je n'aime pas cette violence
Faut-il tuer pour être un homme?
Libération! Un beau mot!
Nous écoutons les messages à la radio
Ils me font rêver
«Les mésanges bleues préparent leur nid»
«Les blés lèveront bientôt»
C'est mon père qui apporte la nouvelle
Il a entendu le message qu'on attendait
Des mots d'un poète il paraît
Anna doit être contente
Ils ont débarqué en Normandie
On dit qu'ils vont aussi venir ici
On attend des parachutages
Nous ne serons plus seuls
Nous sortons des bois maintenant
Au village on nous ouvre les bras
Tout le monde veut être résistant
Prendre les armes
Les maquis doivent s'unir dit notre chef
Il faut empêcher les Allemands de remonter vers la Normandie
Ici ils s'affolent
Ils annoncent que tous les terroristes seront fusillés
Mais nous nous sentons des ailes
Même moi
Nous multiplions les actions, nous prenons trop de risques
Anna est souvent dans les bois avec nous
Quand elle nous voit partir, elle serre les poignées de son vélo
Mais elle ne dit rien.

ANNA.– Louis écoute les messages à la radio
Un jour, après avoir éteint brusquement, il prend son vélo et file vers les bois

J'interroge Louise
Elle est joyeuse et triste en même temps
Elle me dit : « Ils ont débarqué, c'est fini »
Rien n'est fini !
Les Allemands s'affolent
Ils sèment le sang et les larmes
21 juin 44
Les maquis doivent se rejoindre pour défendre Mouleydier
Un bourg qui enjambe la Dordogne
Ils s'y feront prendre au piège
Pedro n'a jamais voulu que je me joigne à eux
J'attends
Le cœur me bat trop fort
Je prends mon vélo, la peur me fait pédaler plus vite
Plus j'approche, plus le cœur me bat
Des explosions, des cris
Flammes et fumée, le bourg brûle
Je lâche mon vélo, je cours vers les premières maisons
Des bras me saisissent et m'entraînent
Je m'évanouis de peur
Je me réveille à la ferme
J'entends les conversations
Qui disent le malheur
Qui comptent les morts
René, Paul, Camille, Luis, Jorge, Pedro
Pedro !
Je me dresse, je crie Pedro !
Louise me serre dans ses bras
Je m'évanouis de douleur.

THOMAS.– On reparle de parachutages
Il faut préparer le terrain autour de Mouleydier
Par trois fois nous y affrontons les Allemands
Jusqu'à ce 21 juin où tout a basculé
Plusieurs maquis se sont retrouvés là
Les Allemands nous encerclent

Si nous nous rendons, nous aurons la vie sauve
Annoncent-ils
Nous ne nous rendrons pas
Nous essayons de rejoindre la forêt de Liorac
Par la petite route qui monte du village, qui passe sous un pont
Nous sommes presque tous passés lorsque les Allemands nous surprennent
Camille est fauché par une rafale
Pedro se précipite il tombe aussi
Il rampe jusqu'à une maison
Il traîne Camille avec lui
Nous ne pouvons pas revenir en arrière
Leurs corps brûleront dans le brasier que les Allemands laisseront derrière eux dans la nuit
Anna vient juste d'arriver en vélo, Maurice l'a retenue
Elle n'a rien vu
Nous traversons la forêt de Liorac, silencieux
Je ne pense qu'à Anna
Elle est dans la voiture de Maurice, sonnée par toute cette violence
Nous arrivons à la ferme
C'est maintenant seulement que j'ai peur.

Je me souviendrai toujours de cette veillée
Des visages fermés
Des mains crispées sur les verres
Du cri d'Anna
De son corps qui s'effondre dans les bras de ma mère
Ce soir-là j'ai grandi d'un coup.

Nous n'en avons pas fini avec la violence
L'été souffle le chaud et le froid
Les Allemands toujours présents
Les fusillés de Périgueux
Des mots qui recouvrent d'autres violences : déportation, camps de concentration
Mais aussi

Les résistants qui s'évadent de la prison de Bergerac
Des gendarmes qui osent dire de quel côté ils sont
La libération de Périgueux, de Bergerac enfin
Grand défilé des maquis, ma mère est fière de moi, mon père aussi je crois
Moi, je ne sais pas
Les femmes qui ont aimé des Allemands sont tondues en public
On retrouve le corps de Marcel dans un fossé
Je n'aime pas ça.

Anna est comme endormie par le chagrin
Elle aide ma mère
Ou va marcher dans les bois pendant des heures
Embrasse son père en rentrant
Monte se coucher en me faisant un petit signe.

Je ne m'engagerai pas dans l'armée qui va monter vers Royan
Je ne me sens pas une âme de soldat
Je serai plus utile à la ferme
Près d'Anna
Silencieuse
Sauf avec ma mère avec qui elle parle à mi-voix.

ANNA.– Mars 1945
L'étau est desserré enfin
Mais nous n'avons pas fini d'affronter l'indicible
Nos têtes sont pleines d'images que nous ne voulions pas voir
L'Alsace est libérée
Venus d'Algérie, d'Afrique, des hommes se sont battus
Sont morts parfois pour lui rendre son identité
Mon père est reparti, il a retrouvé ma mère
Pourront-ils encore se parler ?
Les corps se souviendront longtemps de cet écartèlement
Je suis restée

Les bois m'ont donné la force de résister à l'absence
Au moins, ici, je sais qui je suis
J'y ai trouvé ma place
Entre chagrin et bonheur
Je serai institutrice au village.

THOMAS.– À nouveau les vendanges
Anna se fatigue plus vite
Un soir, je vois qu'elle peine avec sa hotte pleine de grappes de raisin
Je lui demande si elle veut de l'aide
Elle me dit :
« Oui, c'est lourd, j'attends un bébé »
Dans ma tête, un coup de tonnerre
La décharge des regards, l'amour dans les bois, le cahier, son corps si plein maintenant
Je savais pourtant
Je ne voulais pas savoir
Je ne réponds rien
Je suis heureux de ne pas être parti pour Royan
Elle aura peut-être besoin de moi, enfin.

Elle a repris ses études
Elle veut entrer à l'école normale
Elle étudie à la maison
Entre ses livres et la terre
Son corps se gorge de vie
Son père est là, timide devant son chagrin
Il est précieux pour mon père
L'Alsace est toujours occupée
J'aurais pu être de ceux qui vont la libérer.

Les cloches ont sonné à Saint-Front pour annoncer sa libération enfin
Le père d'Anna va partir

Elle reste
Elle veut être institutrice ici
J'attendrai qu'elle me regarde
Qu'elle découvre que je suis devenu un homme
Je l'accueillerai elle et son amour pour Pedro
Elle et son enfant
J'aurai le cœur assez grand.

ANNA.– La neige n'est qu'une intruse
Elle va vite se faire oublier
Lorsque les enfants sortiront de l'école elle aura disparu
Je serai seule à en garder la trace.

Ma fille est née un jour de neige.

THOMAS.– La ferme est silencieuse
La neige de ce matin recouvre les chagrins.

Ma fille est née un jour de neige.

FRANÇOISE DU CHAXEL

Elle naît en 1940 à Bergerac (Dordogne), un jour de neige. Après quelques années d'enseignement, elle découvre le théâtre à l'occasion d'un travail de recherche sur le dramaturge américain Eugene O'Neill (dont elle a publié une monographie aux éditions Seghers).
Elle travaille dans plusieurs structures culturelles comme médiatrice entre artistes et spectateurs. Elle est ainsi successivement secrétaire générale du Carré Silvia-Monfort, du Théâtre Oblique (direction Henri Ronse) à Paris, de la Maison des arts de Créteil (direction Jean Morlock), de l'Onda (Office national de diffusion artistique, direction Philippe Tiry), puis directrice adjointe du Théâtre national de Bretagne à Rennes (direction Emmanuel de Véricourt), et enfin secrétaire générale du Théâtre de la Cité internationale de Paris (direction Nicole Gautier) jusqu'en 2001, dont elle a été auteur associé jusqu'en 2008. Elle a créé et dirige également avec Jean-Pierre Engelbach la collection « Théâtrales Jeunesse » des éditions Théâtrales.
De cette proximité avec le plateau naît son goût pour l'écriture dramatique. Un certain nombre de ses textes sont issus de commandes pour des adolescents, mais elle dit toujours s'adresser aux « âges provisoires ». Elle sait en effet explorer les blessures et les doutes de l'adolescence, cette période d'intenses bouleversements. Cet écrivain de l'intime raconte des histoires souvent porteuses de valeurs universelles, d'humanisme et de tolérance.
À ce jour, elle a écrit plus d'une vingtaine de textes, tous créés en France par des metteurs en scène divers : Françoise Coupat, Laurence Février, Colette Froidefont, Jean-Claude Gal, Anne-Marie Lazarini, Christophe Lemaître, Étienne Pommeret, Luc Quistrebert, Brigitte Seth et Roser Montlo Guberna.

Textes inédits : *Maux d'amour ou les Malices de la lune* et *Petite fête d'hiver sous le regard d'Orion* (1996), *Cergy's blues* (2004), *Desert blues* (2004), *Retours* (2005), *Si on planait sur une aile ?* (2006), *C'est là qu'un jour je jouerai Antigone* et *De grandes gorgées de vent* (2009).

TABLE DES MATIÈRES

ACHEVÉ D'IMPRIMER EN JANVIER 2011 SUR PAPIER ISSU DE LA GESTION DURABLE DES FORÊTS (CERTIFIÉ FSC) SUR LES PRESSES DE L'IMPRIMERIE SEPEC À PÉRONNAS (01) LABELLISÉE IMPRIM'VERT®. MISE EN PAGES RÉALISÉE PAR LES ÉDITIONS THÉÂTRALES À MONTREUIL (93).

DÉPÔT LÉGAL : JANVIER 2011
NUMÉRO D'IMPRIMEUR : 101201315
IMPRIMÉ EN FRANCE